Pablo Neruda
Das Buch der Fragen

Pablo Neruda

Das Buch der Fragen

Gedichte

Mit Illustrationen
von Maria Guitart

Aus dem Spanischen
von Susanne Lange

Luchterhand

I

Warum sieht man die Jumbojets
denn nie mit ihren Kindern wandern?

Wie heißt der gelbe Vogel,
der in sein Nest Zitronen häuft?

Warum lehrt man nicht Helikoptern,
der Sonne Honig abzumelken?

Wo ließ der volle Mond
den Mehlsack seiner Nacht?

II

Bin ich schon tot und weiß es nicht,
wen frage ich, wie spät es ist?

Wo nimmt er all die Blätter her,
der Frühling dort in Frankreich?

Wo kann ein Blinder leben,
dem Bienen auf den Fersen sind?

Geht uns das Gelb zur Neige,
woraus nur backen wir das Brot?

III

Sag, ist die Rose etwa nackt,
sag, hat sie bloß dies eine Kleid?

Warum verbergen all die Bäume
nur ihre ganze Wurzelpracht?

Wer hört wohl die Gewissensbisse,
die ein Verbrecherauto plagen?

Gibt's Tristeres auf Erden
als einen Zug, ganz still im Regen?

IV

Wie viele Kirchen hat der Himmel?

Warum greift nicht der Haifisch
 die furchtlosen Sirenen an?

Ob Rauch wohl mit den Wolken schwätzt?

Ob's stimmt, dass man die Hoffnung
 mit Tau begießen muss?

V

Was hast du unter deinem Höcker?,
fragt ein Kamel die Schildkröte.

Die Schildkröte fragt gleich zurück:
Was plauderst du mit den Orangen?

Hat wohl der Birnbaum noch mehr Blätter
als die Recherche von Proust?

Weshalb begehen Blätter Selbstmord,
wenn ihnen gelb zumute ist?

VI

Warum fliegt nur der Hut der Nacht
umher mit so viel Löchern?

Was sagt die alte Asche,
wenn sie ums Feuer wandert?

Warum nur werden Wolken
beim Weinen immer heiterer?

Verfinstert sich die Sonne,
wem glühen ihre Blütenstempel?

Wie viele Bienen hat der Tag?

VII

Ist der Taubenfrieden Friede?
Und kriegerisch der Leopard?

Warum lehrt uns der Lehrer
die Erdkunde des Todes?

Was ist, wenn kleine Schwalben
zu spät zur Schule kommen?

Ob Briefe transparent sind,
die man am Himmel austrägt?

VIII

Sie speien Feuer, Furor, Frost,
was reizt nur die Vulkane?

Warum hat bloß Kolumbus
nicht besser Spanien entdeckt?

Wie viele Fragen hat die Katze?

Und warten ungeweinte Tränen
auf uns in kleinen Teichen?

Ergießen sie sich unsichtbar
in Flüssen Richtung Schwermut?

IX

Die Sonne, ist sie die von gestern,
ist heut ihr Feuer andres Feuer?

Wie sollen wir den Wolken danken
für dieses flüchtige Gebausche?

Woher kommt die Gewitterwolke
mit ihrem schwarzen Sack voll Tränen?

Wohin sind all die Namen,
süß wie Gebäck von dazumal?

Wohin sind die Klorinden,
die Hedwigs, die Mathilden?

X

Was denken über meinen Hut
in hundert Jahren wohl die Polen?

Was sagt einst über meine Dichtung,
wer nie mein Blut befühlt hat?

Wie misst man all den Schaum,
der an dem Bier abgleitet?

Was tut die Fliege, eingekerkert
in dem Sonett eines Petrarca?

XI

Was sprechen denn die andern noch,
wenn wir bereits gesprochen haben?

Was hielte wohl José Martí
vom Pädagogen Marinello?

Wie viele Jahre zählt November?

Was zahlt der Herbst so fleißig
mit all den gelben Scheinen ab?

Wie heißt noch dieser Cocktail,
der Wodka mixt mit Blitzen?

XII

Wem schenkt der Reis sein Lächeln
mit Zähnen, weiß und endlos?

Warum schreibt man in finstrer Zeit
mit unsichtbarer Tinte?

Und weiß die Schöne in Caracas,
wie viele Röcke Rosen tragen?

Warum nur stechen mich die Flöhe
und literarische Gendarmen?

XIII

Sind wirklich in Australien nur
die Krokodile liebestoll?

Wie teilen die Orangen sich
am Baum die Sonne auf?

Entsprangen einem bittren Mund
die Zahnreihen des Salzes?

Fliegt wirklich über meinem Land
tiefnachts ein schwarzer Kondor?

XIV

Was sagen wohl Rubine
zum Saft eines Granatapfels?

Warum reiht sich der Donnerstag
nicht nach dem Freitag ein?

Wer jauchzte da vor Freude,
als auf die Welt das Blau kam?

Warum fühlt sich die Erde traurig,
sobald die Veilchen sprießen?

XV

Sag, machen denn tatsächlich
die Anzugwesten jetzt mobil?

Warum hausiert der Frühling
erneut mit grünen Kleidern?

Warum lacht denn die Landwirtschaft,
wenn bleich der Himmel weint?

Wie fand es seine Freiheit,
das herrenlose Fahrrad?

XVI

Erbauen Salz und Zucker
sich beide einen weißen Turm?

Ist wohl im Bau der Ameisen
das Träumen eine Pflicht?

In welche Grübeleien fällt
die Erde stets im Herbst?

(Warum verleiht man keinen Orden
ans erste goldne Blatt?)

XVII

Sag, gleicht denn nicht der Herbst
ganz einer gelben Kuh?

Und wie wird aus dem Herbstvieh
dies düstere Gerippe?

Wie häuft der Winter linear
stets ein Blau auf das andere?

Und wer erhob den Frühling
zum lichtvollen Monarchen?

XVIII

Die Trauben, wie erfuhren sie
vom Propagandazug der Rebe?

Und was mag schwerer sein,
die Ähren bilden oder lesen?

Es lebt sich schlecht ganz ohne Hölle:
Sag, führen wir sie wieder ein?

Und setzen dann, Hintern voran,
den üblen Nixon auf die Glut?

Damit er langsam schmoren kann
auf Napalm aus den USA?

XIX

Hat man schon all das Gold gezählt
im Staatsgebiet des Maises?

Sag, weißt du, dass in Patagonien
der Nebel mittags grün ist?

Wer singt da auf dem Grund des Wassers
in der verlassenen Lagune?

Worüber lacht wohl die Melone,
wenn sie gemordet wird?

XX

Enthält der Bernstein wirklich
die Tränen der Sirenen?

Wie heißt die Blume, die von Vogel
zu Vogel weiterschwirrt?

Mag nie nicht besser sein als spät?

Warum begab sich wohl der Käse
auf Ruhmeszug durch Frankreich?

XXI

Und als man einst das Licht schuf,
geschah das in Venezuela?

Wo ist der Mittelpunkt des Meeres?
Warum ist er nicht Ziel der Wellen?

War's wirklich eine Taube
aus Amethyst, der Meteor?

Kann ich mein Buch heut fragen,
ob wirklich ich es damals schrieb?

XXII

Ach Liebe, Liebe, seine, ihre,
sie sind nicht mehr, doch sind wohin?

Ach Augen, Augen, fragte ich,
wann sehen wir uns wieder?

Und häutet sich die Landschaft,
sind's deine Hände oder Handschuh?

Und wenn das Blau des Wassers singt,
wie riecht der Widerhall im Himmel?

XXIII

Ist wohl ein Fisch, ein fliegender,
ein Schmetterling, der sich entpuppte?

Dann ist es also gar nicht wahr,
dass Gott zuhaus war auf dem Mond?

Nach welcher Farbe duftet es,
wenn blau die Veilchen klagen?

Wie viele Wochen hat ein Tag,
wie viele Jahre hat der Monat?

XXIV

Die 4, ist sie für alle 4?
Sind alle Siebenen sich gleich?

Ein Häftling, der ans Licht denkt,
denkt der ans gleiche, das dir scheint?

Sag, weißt du, welche Farbe
für Kranke der April hat?

Welch Monarchie im Westen
wählt sich den Mohn zur Fahne?

XXV

Warum erwartet wohl das Wäldchen
den Schnee ganz ohne Kleider?

Wie soll man wissen, wer ist Gott
von all den Göttern in Kalkutta?

Warum nur gehen sie in Lumpen,
die feinen Seidenwürmer?

Warum ist es denn gar so hart
das Süß im Herz der Kirsche?

Denkt's an den frühen Tod,
denkt's an das Überdauern?

XXVI

Der gravitätische Senator,
der mir ein Schloss aufhexte,

hat der schon mit dem Neffen
die Mord-Torte vertilgt?

Wen täuscht wohl die Magnolie
mit dem Zitronenduft?

Wo lässt der Adler seinen Dolch,
wenn er sich auf die Wolke bettet?

XXVII

Vergingen sie vor Scham,
die Züge, die vom Weg abkamen?

Wer sah noch nie das Bitterkraut?

Wo pflanzte man die Augen an
von Kamerad Paul Éluard?

Ist da noch Platz für Dornen?,
befragte man den Rosenbusch.

XXVIII

Warum vergessen alte Leute
die Schulden und Verbrennungen?

Sag, war er wirklich, dieser Duft
des überraschten Mädchens?

Warum begreifen Arme nichts,
sobald sie nicht mehr arm sind?

Wo finde ich bloß eine Glocke,
die dir in Träumen läutet?

XXIX

Wie viele runde Meter weit
ist's von der Sonne zur Orange?

Wer weckt die Sonne aus dem Schlaf
auf ihrem glühend heißen Bett?

Und singt die Erde wie die Grille
in der Musik der Sphären?

Ist sie nicht breit, die Traurigkeit,
und schmal und dünn die Trübsal?

XXX

Als er sein blaues Buch verfasste,
war er noch grün, Rubén Darío?

Und war Rimbaud nicht scharlachrot
und fliederfarben Góngora?

Victor Hugo nicht trikolor?
Und ich mit gelben Streifen?

Versammeln sich Erinnerungen
der Armen in den Dörfern?

Bewahren Reiche ihre Träume
in erzenen Schatullen?

XXXI

Wen kann ich wohl befragen,
wozu ich auf die Welt kam?

Warum muss ich mich ständig rühren,
warum kann ich nicht reglos sein?

Und rolle fort ganz ohne Räder
und fliege ohne Flügel, Federn

und musste fort aus Chile,
obwohl da meine Knochen leben?

XXXII

Sag, kann man dümmer heißen
als Pablo und Neruda?

Gibt's in Kolumbiens Himmel
wohl einen Wolkensammler?

Warum gibt's nur in London
die Regenschirmkongresse?

Sag, war das Blut der Königin
von Saba amarantrot?

Wenn Baudelaire zum Weinen war,
vergoss er schwarze Tränen?

XXXIII

Wer in der Wüste wandert,
warum ist dem die Sonne feind?

Im Garten eines Krankenhauses,
warum ist da die Sonne nett?

Sind's Vögel oder Fische
im Netz des Mondes oben?

War's da, wo andre mich verloren,
wo ich mich schließlich selber fand?

XXXIV

Kann ich aus Tugenden, die ich vergaß,
mir einen neuen Anzug machen?

Warum ziehen die besten Flüsse
zum Fließen stets nach Frankreich?

Warum wird's in Bolivien
nicht Morgen seit Guevaras Nacht?

Und sucht dort nach den Mördern
sein massakriertes Herz?

Sag, schmecken dunkle Wüstentrauben
beim ersten Schluck nach Tränen?

XXXV

Ist unser Leben wohl ein Tunnel
von einem vagen Licht zum andern?

Ist's eher Licht, das zwischen
zwei dunklen Dreiecken erstrahlt?

Ist unser Leben gar ein Fisch,
fürs Vogelsein vorherbestimmt?

Und ob der Tod ist, nicht zu sein;
gleicht er gefährlichen Substanzen?

XXXVI

Und ist der Tod vielleicht sogar
wie eine Küche ohne Ende?

Was tun dann deine losen Knochen,
ob sie dich wieder bilden wollen?

Geht deine Auslöschung dann über
in andre Stimme, andres Licht?

Und werden deine Würmer
ein Teil vom Hund, vom Schmetterling?

XXXVII

Was wird aus deiner Asche steigen,
Tschechoslowaken, Schildkröten?

Und wird dein Mund dann Nelken küssen
mit einem künftigen Paar Lippen?

Sag, weißt du denn, woher er kommt,
der Tod, von oben oder unten?

Von den Mikroben oder Mauern,
von Kriegen oder einem Winter?

XXXVIII

Sag, lebt der Tod vielleicht
tief in der Sonne einer Kirsche?

Und tötet dich womöglich auch
ein Kuss, den dir der Frühling gab?

Und reicht die Trauer dir vorweg
die Fahne deines Schicksals?

Und findest du im Totenschädel,
verdammt zu Knochen, deine Herkunft?

XXXIX

Sag, spürst du auch Gefahr,
wenn laut das Meer auflacht?

Und siehst du auch im Seidenblut
des Klatschmohns eine Drohung?

Und siehst, dass all die Apfelblüten
ihr Leben für den Apfel opfern?

Und weinst du auch, umringt von Lachen,
bei all den Flaschen voll Vergessen?

XL

Sag, der zerlumpte Kondor,
wem stattet er Bericht ab?

Wie nennt sich wohl die Schwermut
beim Schaf, das einsam ist?

Und was geschieht im Taubenschlag,
sobald die Tauben singen lernen?

Und wenn die Fliegen Honig machten,
brüskierten sie damit die Bienen?

XLI

Wie hart im Nehmen ist ein Nashorn,
nachdem man es erweicht hat?

Was künden uns die Blätter Neues
von diesem aktuellen Frühling?

Wie mögen Blätter winters leben,
im Untergrund der Wurzeln?

Was lehrte wohl den Baum die Erde,
dass er nun mit dem Himmel spricht?

XLII

Wer leidet mehr: der ewig wartet?
Der keinen je erwartet hat?

Wo hört der Regenbogen auf,
am Horizont, in deiner Seele?

Ist wohl ein unsichtbarer Stern
der Himmel aller Selbstmörder?

Wo sind die Weinberge aus Erz,
von denen Meteore fallen?

XLIII

Wer war's, die dich geliebt hat
im Traum, als du im Schlaf lagst?

Wohin zieht, was man träumt?
Zieht's in den Traum der andern?

Der Vater, der im Traum noch lebt,
muss beim Erwachen wieder sterben?

Ob auch im Traum die Pflanzen blühen,
und reifen ihre schweren Früchte?

XLIV

Wo ist das Kind, das ich einst war,
noch in mir drinnen oder fort?

Ob's weiß, dass ich es niemals liebte
und nie geliebt wurde von ihm?

Warum nur sind wir all die Zeit
gewachsen, um uns dann zu trennen?

Warum nur starben wir nicht beide,
als meine Kindheit damals starb?

Und wein ich mir die Seele aus dem Leib,
warum folgt mir dann das Gerippe?

XLV

Ist denn das Gelb der Wälder
das gleiche wie im Jahr zuvor?

Fliegt er noch einmal schwarz dahin,
der nimmermüde Meeresvogel?

Und wo der Raum zu Ende ist,
nennt man das Tod, Unendlichkeit?

Was lastet schwerer auf der Hüfte,
die Schmerzen, die Erinnerungen?

XLVI

Wie heißt der Monat nach Dezember,
der vor dem Januar noch kommt?

Mit welchem Recht hat man den Trauben
genau zwölf Beeren abgezählt?

Warum gibt's hier nicht Monate,
die so lang dauern wie ein Jahr?

Hat dich der Frühling auch genarrt
mit Küssen, die niemals erblühten?

XLVII

Sag, hörst du da im Herbst
tiefgelbe Explosionen?

Ist's aus Vernunft, aus Unvernunft,
wenn Regen seine Freude weint?

Sag, welche Vögel dirigieren
die Schwarmordnung beim Fliegen?

Woran bloß hängt der Kolibri
solch fulminante Symmetrie?

XLVIII

Sind die Sirenenbrüste
aus runden Meeresschnecken?

Sind sie zu Stein gewordne Wellen,
sind sie gefrornes Spiel des Schaums?

Ging nicht die Wiese auf in Flammen
bei all den wilden Leuchtkäfern?

Zerzausten die Friseure
des Herbsts die Chrysanthemen?

XLIX

Wenn ich das Meer jetzt wiedersehe,
sieht mich das Meer, sieht es mich nicht?

Warum nur fragen mich die Wellen
das Gleiche, was ich selbst sie frage?

Warum nur peitschen sie den Fels
mit solch vergeudetem Elan?

Sind sie's nicht leid, sich ewig
dem Sand von Neuem zu erklären?

L

Wer überzeugt das Meer,
dass es Vernunft annimmt?

Was bringt es ihm, in Grün und Blau
Granit und Bernstein zu zerstieben?

Wozu nur all die vielen Falten,
all diese Löcher in dem Fels?

Ich war dem Meer stets auf den Fersen,
wo geh ich hin, wenn es mich abfängt?

Warum nahm ich die Sackgasse
und ging dem Meer in seine Falle?

LI

Was stört mich so, riecht eine Stadt
nur nach Urin und Frau?

Ist nicht die Stadt ein Ozean
aus zuckenden Matratzen?

Im Ozeanien der Luft,
gibt's dort nicht Inseln, Palmen?

Warum ging ich zurück zum Gleichmut
der Ozeane ohne Maß?

LII

Wie groß war wohl die Krake,
die schwarz den Tagesfrieden löschte?

Ob ihre Arme Eisen waren
und totes Feuer ihre Augen?

Der Wal mit den drei Farben,
warum fing er mich ab?

LIII

Und wer verschlang vor meinen Augen
den Hai, mit Pusteln übersät?

Wer trug die Schuld, der Dornhai,
die blutbefleckten Fische?

Ist's Ordnung oder Schlacht,
die Kette des Zermalmens?

LIV

Ob sich die Schwalben wirklich
bald niederlassen auf dem Mond?

Und nehmen sie den Frühling mit,
gepflückt von Kranzgesimsen?

Verlassen sie nachher im Herbst
den Mond erneut, die Schwalben?

Ob sie nach Wismutproben suchen,
herausgepickt vom Himmel?

Und sind, mit Asche überstäubt,
zurück auf den Balkonen?

LV

Warum schickt man nicht Maulwürfe
und Schildkröten zum Mond?

Ob diese Tiere, Ingenieure
für Höhlungen und Spalten,

nicht ideal geeignet sind
für ferne Inspektionen?

LVI

Sag, meinst du nicht, die Dromedare
verwahren Mond in ihren Höckern?

Und säen ihn dann in der Wüste,
beharrlich und verstohlen?

Und wurde nicht das Meer nur kurz
der Erde ausgeliehen?

Sag, müssen wir es samt Gezeiten
dem Mond bald wiedergeben?

LVII

Verböte man nicht besser
die interplanetaren Küsse?

Sind keine Analysen nötig,
bevor man die Planeten freigibt?

Warum macht's nicht das Schnabeltier
in seiner Weltraumtracht?

Ob Hufeisen geschmiedet wurden
für Pferde auf dem Mond?

LVIII

Was blinkte da wohl in der Nacht?
Planeten oder Hufeisen?

Muss ich heut Morgen wählen,
ob Himmel oder nacktes Meer?

Warum bekleidet sich der Himmel
so früh mit Nebelschleiern?

Was fand ich vor in Isla Negra?
Die grüne Wahrheit oder Würde?

LIX

Warum entstand ich nicht als Rätsel?
Warum wuchs ich ganz einsam auf?

Warum bloß hob ich aus den Angeln
die Türen meines eignen Stolzes?

Wer lebte für mich draußen,
sobald ich krank war oder schlief?

Und wo ich nicht vergessen bin,
welch Fahne hat man dort gehisst?

LX

Was spiele ich für eine Rolle
dort am Gerichtshof des Vergessens?

Wer mag es wohl vertreten,
das zukünftige Urteil?

Ist's ein Getreidekorn
mit seiner gelben Schar?

Ist gar das Herz aus Stein
der Abgeordnete des Pfirsichs?

LXI

Der rege Tropfen Quecksilber
läuft abwärts oder immerfort?

Ob meine kummervolle Dichtung
mit meinen Augen blickt?

Bleibt mein Geruch, mein Leiden,
wenn ich vernichtet schlafe?

LXII

Was heißt es, auszuharren,
dort in der Todesgasse?

Wie sollen in der Salzwüste
die Blüten treiben können?

Im Meer des Laissez-faire,
was zieht man da zum Sterben an?

Wenn erst die Knochen fort sind,
wer lebt im allerletzten Staub?

LXIII

Wie schreibt man mit den Vögeln
ein Wörterbuch für ihre Sprachen?

Wie sage ich der Schildkröte,
ich schlage sie in Langsamkeit?

Wie frage ich den Floh
nach seinen Sprungrekorden?

Und was soll ich den Nelken sagen
zum Dank für ihren Duft?

LXIV

Verwaschen flattert meine Wäsche
wie eine Fahne, sag, warum?

Bin ich ein Böser hin und wieder,
bin ich seit eh und je ein Guter?

Erlernt sich denn die Güte,
erlernt sich ihre Maske?

Treibt nicht der Böse weiße Rosen,
und blüht nicht schwarz das Gute?

Wer gibt ihr Namen, gibt ihr Zahl,
der unzählbaren Unschuld?

LXV

Glänzt der metallne Tropfen
in meinem Lied wie eine Silbe?

Und kriecht ein Wort nicht manchmal
ganz so wie eine Schlange?

Und knisterte in deinem Herzen
ein Name ganz wie die Orange?

Aus welchem Fluss sind wohl die Fische?
Aus unsrem Wort für Silberschmiede?

Und kentern nicht die Segelboote,
da überladen von Vokalen?

LXVI

Sag, speien Feuer, Rauch und Dampf
die *o* der Lokomotiven?

In welcher Sprache fällt der Regen
auf kummervolle Städte?

Welch weiche Silben wiederholt
die Brise morgens überm Meer?

Kann sich ein Stern noch weiter dehnen
als dieses Wort: der Schlafmohn?

Gibt's Hauer, die noch spitzer sind
als die zwei Silben des Schakals?

LXVII

Kannst du mich lieben, Fibel,
mit substantivem Kuss?

Das Wörterbuch, ist es ein Grab,
ist es geschlossne Honigwabe?

An welchem Fenster blieb ich stehen
und sah auf die begrabene Zeit?

Kann auch, was ich von ferne seh,
von mir noch nicht Gelebtes sein?

LXVIII

Wann liest der Schmetterling
die Flugschrift seiner Flügel?

Was buchstabiert die Biene,
um ihren Weg zu finden?

Wenn Ameisensoldaten fallen,
wie werden sie wohl abgezählt?

Wie nennt man einen Wirbelsturm,
wenn er sich nicht bewegt?

LXIX

Zerschellen liebende Gedanken
in den erloschenen Vulkanen?

Der Krater, ist er eine Rache,
will uns die Erde strafen?

Mit welchen Sternen plaudern
die Flüsse ohne Mündung?

LXX

Zu welcher Arbeit hat man Hitler
verdammt, dort in der Hölle?

Sag, kalkt er Wände, kalkt er Leichen?
Riecht er die Toten und ihr Gas?

Muss er die Asche essen
all der verbrannten Kinder?

Trinkt er seit seinem Tod
aus einem Trichter Blut?

Sag, hämmert man ihm in den Mund
die ausgerissnen Goldzähne?

LXXI

Sag, legt man ihn zum Schlafen
auf seinen Stacheldraht?

Sag, tätowiert man seine Haut
für Lampenschirme in der Hölle?

Sag, beißen ihn erbarmungslos
die schwarzen Bulldoggen des Feuers?

Sag, muss er nun tagaus, tagein
mit seinen Inhaftierten reisen?

Sag, stirbt er endlos vor sich hin
im Gas, für alle Ewigkeit?

LXXII

Wenn alle Flüsse süß sind,
wo hat das Meer sein Salz her?

Woher erkennt die Jahreszeit,
dass sie ihr Hemd zu wechseln hat.

Warum ist sie so träg im Winter,
und später dann so flirrend?

Die Wurzeln, woher wissen sie,
jetzt geht's empor zum Licht?

Um dann die Luft zu grüßen
mit all den Blüten, Farben?

Ist's stets derselbe Frühling,
der seine Rolle wiederholt?

LXXIII

Die Erde, wer bestellt sie besser,
der Mensch, die Ährensonne?

Den Mohn oder die Fichte,
wen hat die Erde lieber?

Die Orchidee, der Weizen,
wer liegt ihr mehr am Herzen?

Warum solch Pracht für eine Blume
und für den Weizen mattes Gold?

Sag, kommt der Herbst legal zu uns,
schleicht er sich heimlich ein?

LXXIV

Warum bleibt er im Astwerk sitzen,
bis alle Blätter fallen?

Wo ließ er sie nur hängen,
die sonnengelben Hosen?

Sag, wartet nicht der Herbst,
dass irgendwas geschieht?

Dass mal ein Blatt erbebt,
das Weltall rasch vorübergeht?

Ruht unterirdisch ein Magnet,
vielleicht des Herbstes Bruder?

Und wann beschließt die Erde
die Pflichten einer Rose?

Die spanische Originalausgabe erschien 2018 unter dem Titel
»Libro de las preguntas« bei Seix Barral, Barcelona.

Sollte diese Publikation Links auf Webseiten Dritter enthalten,
so übernehmen wir für deren Inhalte keine Haftung,
da wir uns diese nicht zu eigen machen, sondern lediglich auf
deren Stand zum Zeitpunkt der Erstveröffentlichung verweisen.

Penguin Random House Verlagsgruppe FSC® N001967

1. Auflage
Copyright © Pablo Neruda and Fundación Pablo Neruda, 1974
Copyright © der Illustrationen 2018 Maria Guitart
Copyright © der deutschen Ausgabe 2022
Luchterhand Literaturverlag, München,
in der Penguin Random House Verlagsgruppe GmbH,
Neumarkter Str. 28, 81673 München
Umschlaggestaltung: buxdesign | München
unter Verwendung einer Illustration von © Maria Guitart
Satz: Uhl + Massopust
Druck und Einband: Friedrich Pustet, Regensburg
Alle Rechte vorbehalten.
Printed in Germany
ISBN 978-3-630-87659-7

www.luchterhand-literaturverlag.de
www.facebook.com/luchterhandverlag
www.twitter.com/luchterhandlit